DEUXIÈME
ALPHABET

CONTENANT

LES EXERCICES ÉLÉMENTAIRES DE LECTURE,

ET UNE SUITE D'EXERCICES DE LECTURE COURANTE,

A L'USAGE

DES PETITES ÉCOLES CHRÉTIENNES.

POITIERS

HENRI OUDIN, IMPRIMEUR-LIBRAIRE

RUE DE L'ÉPERON, 4.

† a b c d

e f g h i j

k l m n o

p q r s t

u v x y z

æ œ w

† A B C D
E F G H I J
K L M N O
P Q R S T
U V X Y Z
Æ Œ W

Lettres italiques.

✝ *a b c d e f g h i j*

k l m n o p q r s t

u v x y z æ œ w

✝ *A B C D E F*

G H I J K L M N

O P Q R S T U

V X Y Z Æ Œ W

Syllabes de deux lettres.

Ba	be	bi	bo	bu
Ca	ce	ci	co	cu
Da	de	di	do	du
Fa	fe	fi	fo	fu
Ga	ge	gi	go	gu
Ha	he	hi	ho	hu
Ja	je	ji	jo	ju
Ka	ke	ki	ko	ku
La	le	li	lo	lu

Ma me mi mo mu

Na ne ni no nu

Pa pe pi po pu

Ra re ri ro ru

Sa se si so su

Ta te ti to tu

Va ve vi vo vu

Xa xe xi xo xu

Za ze zi zo zu

E accentués.

Bé	bè	nê	né
Cé	cè	pê	pè
Dé	dè	quê	quê
Fé	tè	rê	ré
Gé	gè	sê	sè
Hé	hè	tê	tê
Jé	jè	vê	vé
Lé	lè	xê	xè
Mé	mè	zê	zê
Tré	trè	vrê	vré

Mots dont chaque syllabe n'a que deux lettres.

Farine	madame	livide
Fatalité	famine	limite
Faribole	marine	sonore
Félicité	ménage	bocage
Parole	parabole	bagage
Vanité	capacité	capitale
Localité	humilité	docile
Parade	intimité	malice
Salade	mérite	devise
Solidité	légitime	totalité

Syllabes de

Bla	ber	bis	bon	but
Bra	blé	bri	blo	bru
Car	cel	cin	col	cur
Cla	cre	cri	clo	cru
Dan	der	dic	dol	dur
Dra	del	dri	dog	dru
Fat	fer	fil	foc	fur
Fla	fre	fri	flo	flu
Gap	gel	gin	gon	gur
Gra	gne	gli	gro	glu

trois lettres.

Lac	ler	lit	lon	luc
Mal	men	mil	mor	mur
Nar	nes	nil	non	nul
Pra	ple	phy	pro	plu
Qua	que	qui	quo	quu
Ran	res	rin	roc	rus
Sal	ser	sin	sot	sur
Sta	ste	sti	sto	stu
Van	ver	vif	vol	vur
Val	vre	vu	vro	vul

Monosyllabes de trois lettres.

Sac	foi	fou	bas	non
Sol	loi	feu	bec	mur
Bon	mal	fil	but	blé
Son	air	sel	cas	eau
Ail	dix	col	cal	tas
Six	lit	bol	nil	arc
Cap	mai	ver	jeu	ban
Pot	lac	dos	mon	mou
Pan	rat	fat	riz	vin
Roi	cou	nez	rôt	thé

Monosyllabes de plus de trois lettres.

Trou	pied	pain	crin
Bain	beau	nuit	ciel
Dieu	bois	jour	huit
Bord	char	dont	bras
Thym	gril	peau	faux
Thon	haut	juin	bien
Tour	main	grain	œil
Loup	miel	cour	roux
Lieu	droit	joug	jour
Bout	dons	pont	fleur

Dissyllabes.

Bi-ble	li-vre	pom-me
Ver-tu	en-fant	nap-pe
Di-vin	a-mi	ba-teau
Sai-son	bou-le	cou-teau
Lam-pe	cor-don	cor-de
Ro-seau	pè-re	ca-dran
Mè-re	por-te	hu-main
Hon-te	lu-ne	rou-ge
Boî-te	vil-le	gloi-re
Heu-re	bon-té	en-cre

Mots de plus de deux syllabes.

Provision	promenade	glissade
Prospère	conduite	flanelle
Demande	protecteur	glacière
Scapulaire	propice	phalange
Groseille	stabilité	pharmacie
Stupidité	promesse	planchette
Stupéfait	charnière	clémence
Mortalité	orangerie	opulence
Parcelle	pénitence	peuplade
Charité	modestie	gouttière

Mots composés.

Tête-à-tête	courte-pointe
Vis-à-vis	arrière-garde
Pot-au-feu	avant-dernier
Eau-de-vie	ayant-cause
Pied-à-terre	basse-contre
Tout-à-coup	brise-scellés
Arc-en-ciel	carême-prenant
Bec-de-corbin	contre-amiral
Ciel-de-lit	épines-vinettes
Pieds-de-biche	garde-manger

PRIÈRES.

✝ Au nom du Père, et du Fils, et du Saint-Esprit. Ainsi soit-il.

Oraison dominicale.

Notre Père, qui êtes aux cieux, que

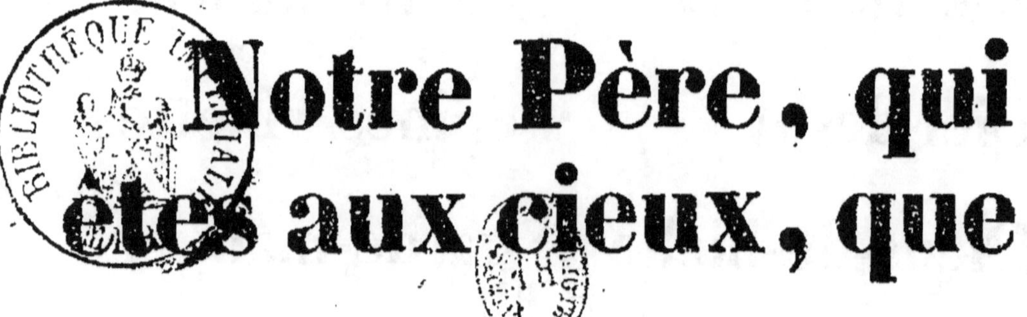

votre nom soit sanc-
tifié ; que votre rè-
gne arrive ; que vo-
tre volonté soit faite
sur la terre comme
au ciel : donnez-
nous aujourd'hui
notre pain quoti-
dien ; pardonnez-
nous nos offenses
comme nous par-

donnons à ceux qui nous ont offensés, et ne nous induisez point en tentation, mais délivrez-nous du mal. Ainsi soit-il.

Salutation angélique.

Je vous salue, Marie, pleine de

grâce, le Seigneur est avec vous; vous êtes bénie entre toutes les femmes, et Jésus le fruit de vos entrailles est béni.

Sainte Marie, Mère de Dieu, priez pour nous, pauvres pécheurs, maintenant et à l'heure de notre mort. Ainsi soit-il.

Symbole des Apôtres.

Je crois en Dieu, le Père tout-puissant, créateur du ciel et de la terre, et en Jésus-Christ, son Fils unique,

Notre Seigneur, qui a été conçu du Saint--Esprit, est né de la Vierge Marie, a souffert sous Ponce-Pilate, a été crucifié, est mort et a été enseveli ; est descendu aux enfers, le troisième jour est ressuscité des morts ; est monté aux cieux , est assis à la droite de Dieu le Père tout-puissant , d'où il viendra juger les vivants et les morts.

Je crois au Saint-Esprit , la sainte Eglise catholique , la communion des

Saints, la rémission des péchés, la résurrection de la chair, la vie éternelle.

Ainsi soit-il.

Confession des péchés.

Je me confesse à Dieu tout-puissant, à la bienheu-

reuse Marie, tou-
jours Vierge, à
saint Michel, Ar-
change , à saint
Jean-Baptiste, aux
Apôtres saint Pier-
re et saint Paul , à
tous les Saints, et à
vous , mon Père ,
parce que j'ai beau-
coup péché en pen-

sées, en paroles et en œuvres , par ma faute, par ma faute, par ma très-grande faute. C'est pour-quoi je prie la bien-heureuse Marie , toujours Vierge, saint Michel, Ar-change, saint Jean-Baptiste , les Apôtres saint Pierre et saint Paul, tous les Saints, et vous, mon Père, de prier pour moi le Seigneur notre Dieu.

Que Dieu tout-puissant nous fasse miséricorde; qu'il nous pardonne nos péchés et nous con-

duise à la vie éter-
nelle.

Ainsi soit-il.

Que le Seigneur
tout-puissant et mi-
séricordieux nous
donne indulgence,
absolution et ré-
mission de tous nos
péchés.

Ainsi soit-il.

Commandements de Dieu.

1 Un seul Dieu tu adoreras
Et aimeras parfaitement.

2 Dieu en vain tu ne jureras,
Ni autre chose pareillement.

3 Les dimanches tu garderas,
En servant Dieu dévotement.

4 Tes père et mère honoreras,
Afin que tu vives longuement.

5 Homicide point ne seras,
De fait ni volontairement.

6 Luxurieux point ne seras,
De corps ni de consentement.

7 Le bien d'autrui tu ne pren-
dras
Ni retiendras à ton escient.

8 Faux témoignage ne diras
  Ni mentiras aucunement.
9 L'œuvre de chair ne désireras
  Qu'en mariage seulement.
10 Les biens d'autrui ne convoi-
  teras ,
  Pour les avoir injustement.

Commandements de l'Eglise.

1 Les dimanches la messe ouï-
  ras ,
  Et les fêtes de commandement.
2 Ces mêmes jours sanctifieras ,
  Sans travailler servilement.
3 Tous tes péchés confesseras ,
  A tout le moins une fois l'an
4 Ton Créateur tu recevras ,

Au moins à **Pâques** humble-
ment.

5 Quatre-temps, vigiles jeûne-
ras,
Et le carême entièrement.
6 Vendredi chair ne mangeras,
Ni le samedi mêmement.

Jésus, mon **Sauveur**, ayez pitié de nous : sainte **Vierge** et saint **Joseph**, intercédez pour nous. **Dieu** nous donne sa paix et la vie éternelle.
Ainsi soit-il.

Acte de Foi.

Mon **Dieu**, je crois fermement tout ce que la sain-

te Eglise catholique, apos-
tolique et romaine m'or-
donne de croire, parce
que c'est vous qui le lui
avez révélé, et que vous
l'assistez toujours dans son
enseignement.

Acte d'Espérance.

Mon Dieu, j'espère avec
une ferme confiance, que
vous me donnerez, par les
mérites de Jésus-Christ,
votre grâce en ce monde,

et , si j'observe vos commandements , votre gloire
en l'autre , parce que vous
me l'avez promis.

Acte de Charité.

Mon Dieu , je vous aime
de tout mon cœur et par-
dessus toutes choses , parce que vous êtes infiniment
bon et infiniment aimable ;
et j'aime mon prochain
comme moi-même pour
l'amour de vous.

Acte de Contrition.

Mon Dieu, j'ai une profonde douleur de vous avoir offensé, parce que vous êtes infiniment bon et infiniment aimable, et que le péché vous déplaît ; je fais un ferme propos, moyennant votre sainte grâce, de ne plus vous offenser et d'en faire pénitence.

PETIT EXERCICE

DU

CHRÉTIEN,

Pour régler les principales actions d'un Enfant chrétien pendant la journée.

Le matin à son réveil, il faut faire le signe de la croix, et dire :

Mon Dieu, je vous donne mon cœur, recevez-le, s'il vous plaît ; et faites, par votre grâce, que nulle créature ne le possède.

Etant sorti du lit, il faut s'habiller modestement ; et pendant qu'on s'habille, il est bon de dire :

Mon Sauveur Jésus-Christ, faites-moi la grâce de me dépouiller du vieil homme, en renonçant à toutes ses passions, et me revêtir du nouveau, en marchant comme vous dans la justice et dans la sainteté.

Lorsqu'on est habillé, il faut prendre de l'eau bénite, se mettre à genoux devant quelque image, et faire sa prière du matin.

Avant le repas.

Mon Dieu, bénissez la nourriture que je vais prendre pour m'entretenir à votre service. Au nom du Père, et du Fils, et du Saint-Esprit.

Ainsi-soit-il.

Après le repas.

Mon Dieu, je vous remercie de la nourriture que vous m'avez donnée ; faites-moi la grâce d'en bien user. Au nom du Père, etc.

Avant le travail.

Mon Dieu, je crois que vous me voycz ; je vous adore et je vous aime de tout mon cœur : je vous offre ce que je vais faire ; donnez-y, s'il vous plaît, votre sainte bénédiction. Faites-moi la grâce de plutôt mourir que de vous offenser. Au nom du Père, etc.

En entrant dans l'Eglise, il faut prendre de l'eau bénite, se mettre à genoux et adorer le Très-Saint-Sacrement.

Acte d'Adoration

ENVERS JÉSUS-CHRIST.

Mon Seigneur et mon Dieu, Jésus-Christ, Fils du Dieu vivant, je vous adore, je crois fermement que vous êtes présent au Saint-Sacrement de l'Autel ; j'espère que vous me ferez miséricorde, que vous me donnerez votre grâce en cette vie et votre gloire en l'autre. Faites-moi la grâce de vous aimer de tout mon cœur, et de plutôt mourir que de vous offenser.

Quand l'heure sonne.

Mon Dieu, faites-moi la grâce de bien profiter du temps et de vivre sans jamais vous offenser.

Lorsqu'on sonne le matin, à midi et le soir, pour la Salutation Angélique.

L'Ange du Seigneur annonça à Marie qu'elle serait la Mère du Sauveur ; et elle conçut par l'opération du Saint-Esprit.

Je vous salue, Marie, etc.

Je suis la servante du Seigneur : qu'il me soit fait selon votre parole.

Je vous salue, Marie, etc.

Et le Verbe s'est fait

chair, et il a habité parmi nous.

Je vous salue, Marie, etc.

PRIONS.

Seigneur, nous vous supplions de répandre votre sainte grâce dans nos âmes, afin qu'après avoir connu, par la voix de l'Ange, la miraculeuse incarnation de votre Fils, Jésus-Christ, nous puissions arriver un jour à la gloire de sa résurrection qu'il a voulu nous procurer par sa passion et sa croix; par le même Jésus-Christ Notre-Seigneur.

Ainsi-soit-il.

En passant devant une croix et en la saluant :

Je vous adore, ô Jésus, qui avez racheté le monde par votre sainte croix.

Le soir, avant de se coucher, il faut prendre de l'eau bénite, faire la prière en commun, comme le matin, examiner sa conscience et faire un Acte de Contrition, ensuite se déshabiller modestement, faire le signe de la croix, et dire en se mettant au lit :

Mon Dieu, je remets mon âme entre vos mains, faites-moi la grâce de passer cette nuit sans vous offenser, et préservez-moi de tous facheux accidents. Au nom du Père, etc.

Si l'on s'éveille durant la nuit

Mon Dieu, je ne respire que pour vous : mon cœur est à vous, Seigneur, mon cœur est tout à vous.

PHRASES DÉTACHÉES.

Enfants, obéissez à vos pères et à vos mères en ce qui est selon le Seigneur, car cela est juste.

Celui qui fréquente des personnes sages devient sage.

Il faut plutôt obéir à Dieu qu'aux hommes.

Celui qui aime son père et sa mère plus que moi, dit le Seigneur, n'est pas digne de moi.

Portez honneur et respect à ceux qui ont les cheveux blancs.

Honorez votre père et votre

mère, afin que vous viviez long-temps sur la terre.

Un enfant qui est sage est la joie de son père, et l'enfant insensé est la tristesse de sa mère.

Les âmes des justes sont dans la main de Dieu, et elles n'ont rien à craindre de la mort.

Ne parlez jamais de vous sans nécessité, ou sans utilité, ni en bien, ni en mal.

L'ami fidèle est une puissante protection ; celui qui l'a trouvé, a trouvé un trésor inestimable.

L'homme doit prendre un grand soin de son âme, parce qu'elle est immortelle, créée à l'image de Dieu et pour le posséder.

Celui qui a de bonnes mœurs, les inspire facilement aux autres.

La sagesse est plus précieuse que l'or, parce qu'elle est la richesse de l'âme.

Il n'est point à proprement parler de véritable amitié sur la terre que celle qui a Dieu pour principe.

Interdisez à votre langue la médisance, et que le mensonge ne soit jamais sur vos lèvres.

Celui qui ne pèche pas par la langue est un homme parfait.

Ayez un cœur tendre et sensible aux misères d'autrui.

La modestie ajoute un nouveau mérite à la vertu.

Ou ne parlez pas, ou dites

quelque chose de meilleur ou de plus utile que le silence.

Faites aux autres en toute occasion ce que vous voudriez qu'on vous fît à vous-même.

On recueille dans l'âge mûr ce qu'on a semé dans la jeunesse.

Le péché même véniel, imprime dans l'âme qui le commet une tache honteuse.

Soyez modeste et retenu dans toutes vos paroles et vos actions.

La paresse conduit l'homme à la pauvreté.

Sachez pardonner et ne rendez à personne le mal pour le mal.

N'assurez jamais rien sans en être auparavant bien instruit.

O déplorable orgueil ! le mot , j'ai tort , nous déchire la bouche : rien ne nous coûte tant que cet aveu.

N'écoutez point parler mal d'autrui et ne parlez pas vous-même mal de personne.

Soyez toujours prêt à obéir comme à Dieu à ceux qui ont droit de vous commander.

Souvenez-vous que nous n'avons qu'une âme et que nous ne devons mourir qu'une fois.

Marie est l'espérance et le refuge de tous les enfants d'Adam.

Il est dit dans l'Evangile qu'à mesure que le saint Enfant-Jésus croissait en âge , il croissait aussi en grâce et en sagesse devant Dieu et devant les hommes.

Ce qu'on appelle grande fortune dans le monde, n'est en réalité qu'un grand mot qui signifie peu de chose.

L'homme n'a été fait que pour Dieu ; voilà sa fin, sa fin unique.

Celui qui craint Dieu ne néglige rien, et ne laisse échapper aucune occasion de lui plaire, en faisant le bien.

L'Enfant-Jésus est le modèle des enfants chrétiens ; sa douceur, son humilité, son obéissance doivent faire les délices de leur âme.

TRAITS HISTORIQUES.

I.

On demandait un jour à un pauvre Arabe du désert, comment il s'était assuré qu'il y a un Dieu ? « De la même façon, répondit- » il, que je connais par les traces marquées » sur le sable, s'il y a passé un homme ou » une bête. » Qui pourrait, en effet, en voyant les œuvres de sagesse et de puissance que l'on rencontre à chaque pas dans le monde, ne pas s'écrier : Voilà les traces du passage d'un Dieu.

II.

Le spectacle de la nature inspirait à un

ancien philosophe ces belles paroles .
« Quand nous considérons la beauté et la
» splendeur du ciel ; la célérité avec la-
» quelle il roule et qui est si grande qu'on
» ne saurait la concevoir ; la vicissitude
» des jours et des nuits ; le changement
» des quatre saisons qui sert à produire et
» à mûrir les fruits ; le soleil qui est le
» modérateur et le chef de tous les mou-
» vements célestes ; la vaste étendue des
» cieux où brillent la lune et les étoiles
» durant la nuit : quand nous regardons
» ensuite le globe de la terre qui s'élève
» au-dessus des mers ; cette multitude d'a-
» nimaux qui l'habitent, destinés, les uns
» à nous nourrir, les autres à nous vêtir ;
» ceux-ci à nous porter, ceux-là à labou-
» rer nos champs; l'homme lui-même fait

» pour être le maître sur la terre et pour
» contempler le ciel ; enfin toutes les cam-
» pagnes, toutes les mers dociles à sa voix
» et fournissant à ses besoins ; pouvons-
» nous, à la vue de tant de merveilles,
» douter qu'il y ait un Etre qui a fait et
» qui entretient un ouvrage si grand et si
» utile ? » Et cet Etre quel est-il sinon
Dieu ?

III.

Vous prétendez que vous avez bien appris votre catéchisme, disait Monseigneur
de la Motte d'Orléans, évêque d'Amiens,
à une petite fille ; eh ! bien, je vous donnerai une belle orange si vous me dites où
est Dieu. Et moi, Monseigneur, reprit-
elle, je vous en donnerai deux si vous me
dites où il n'est pas.

IV.

Saint Louis, roi de France, avait été baptisé à Poissy ; et il avait une si haute estime du titre de chrétien qu'il y avait reçu, que, pour n'en pas perdre le souvenir, il faisait de préférence sa résidence à Poissy, quand les affaires du royaume le lui permettaient, et qu'il avait pris l'habitude de signer au bas de ses lettres : Louis de Poissy. Un jour qu'il disait à ses courtisans les plus familiers, qu'il avait reçu dans ce lieu le plus grand honneur et le plus grand bien du monde, quelques-uns de ceux-ci lui observèrent que cependant il avait été couronné à Reims. C'est vrai, répliqua le roi, mais j'ai été baptisé à Poissy.

V.

La vivacité de la foi de ce saint roi était admirable. Dans sa dernière maladie, lorsqu'on dut lui administrer le saint viatique, comme il pouvait à peine lever la tête, tant il était faible, il se leva cependant tout seul à la vue de son Dieu, et il se mit à genoux pour le recevoir. Croyez-vous fermement, lui dit le prêtre en lui présentant la sainte hostie, que ce soit là le vrai corps de Jésus-Christ ? Oui, répondit le roi, et je ne le croirais pas mieux, quand je le verrais tel que les Apôtres le virent le jour de l'Ascension.

VI.

Un père était très-dangereusement malade. Il avait une fille âgée d'environ huit ans, qui avait bien profité des instructions qu'elle avait entendues au catéchisme. Se trouvant seule avec son père, elle lui dit : Papa, papa, tu es bien malade; le médecin a dit que tu mourras peut-être demain. Maman est dans sa chambre, qui pleure ; on la console. J'ai entendu dire au catéchisme, à Monsieur le curé, que c'est un très-grand péché de laisser mourir les malades sans confession ; personne n'ose te dire qu'il faut que tu te confesses... Je te remercie, lui dit-il ; va, mon enfant, va tout de suite chercher Monsieur le curé. Que le Seigneur te bénisse ; je te devrai mon salut.... Le curé vint et administra le malade, qui mourut le lendemain. Il avait dit plusieurs fois, après avoir reçu les

Sacrements : Sans ma petite, sans ma chère enfant, qu'allais-je devenir ?

VII.

Un pieux serviteur de Dieu avait une singulière dévotion à la Très-sainte Trinité, et tous les jours il disait un certain nombre de fois : Au nom du Père, et du Fils, et du Saint-Esprit. — Saint, Saint, Saint, est le Seigneur, le Dieu des armées; toute la terre est remplie de sa gloire. — Gloire au Père, au Fils et au Saint-Esprit.

VIII.

Un curé respecté et aimé de tous ses paroissiens, à cause de sa piété, de son zèle et de sa charité, ne passait dans sa paroisse devant aucun de ses paroissiens sans

en être salué avec beaucoup d'affection. Il
leur rendait à tous le salut avec les senti-
ments d'un tendre père. Ne pourrais-je pas,
se dit-il un jour en lui-même, sanctifier
ces démonstrations de ma tendresse. Il prit
une résolution qu'il fut fidèle à mettre en
pratique. Ce fut de recommander l'âme de
toutes les personnes qu'il saluerait, au zèle
de leurs Anges gardiens, avec l'intention
de faire alors un acte de charité. Cette pratique lui fut très-salutaire ; il la recom-
manda ensuite souvent soit en public, soit
en particulier. Elle opéra bientôt un merveilleux changement dans un grand nombre de ses paroissiens.

IX

Après la mort de Saint Ignace, martyr,

on trouva le nom adorable de *Jésus* gravé sur sa poitrine en lettres d'or.

Saint François d'Assise se retirait à toutes les heures dans les plaies sacrées de Jésus-Christ.

Saint Antoine de Padoue s'occupait continuellement de la Sainte-Enfance du Sauveur.

Sainte Catherine de Gênes adressait souvent à Jésus-Christ cette prière : « Aimable Jésus, daignez écrire dans mon » cœur la loi de votre amour avec les ca» ractères sacrés du Saint-Esprit. »

Sainte Marie-Madeleine de Florence disait à Jésus-Christ : « Seigneur, vous sa» vez bien que depuis mon enfance jusqu'à » présent, j'ai désiré ardemment de vous » plaire. »

Sainte Elisabeth , fille du roi de Hongrie , disait : « Jésus crucifié , voilà mon » partage ; pauvreté pour pauvreté , humiliations pour humiliations, croix pour » croix. »

X.

Saint Thomas, étant allé voir saint Bonaventure, lui demanda dans quels livres il avait puisé des connaissances si utiles , et où il avait appris à parler avec tant d'onction. C'est au pied de mon crucifix, répondit saint Bonaventure, en lui montrant son crucifix : voilà mon livre, lui dit-il , c'est Jésus crucifié qui est mon Maître. Ce saint baisait si souvent son crucifix , qu'il était noirci en plusieurs endroits. Il disait que des plaies du Sauveur sortaient des flèches embrasées, capables d'amollir les cœurs les plus durs, d'échauffer les âmes les plus glacées.

XI.

Un jeune écolier s'était accoutumé dès sa plus tendre enfance à s'entretenir souvent de la Passion de Notre-Seigneur. Il en avait recueilli beaucoup d'amour pour la croix et les souffrances. Quand la rigueur du froid ou d'autres incommodités étaient pour ses camarades un prétexte d'interrompre leur travail, et qu'ils l'invitaient à faire comme eux, il leur répondait : « Hé quoi ! ne faut-il rien souffrir pour l'amour de Jésus-Christ qui a tant souffert pour nous ? » Dieu soumit ce jeune et fidèle serviteur à de fortes épreuves. Clarentin, c'était son nom, tomba malade et souffrit des douleurs aiguës, qui lui firent croire que sa fin n'était pas éloignée; alors il fit mettre un crucifix devant son lit, pour l'avoir toujours sous les yeux. Son confesseur, le visitant dans un moment de crise, lui demanda comment il se trouvait : « Mon Père, répondit-il, en plaçant ses deux mains sur sa poitrine, pour le corps, je vous avoue qu'il souffre beaucoup; mais mon âme est remplie de tant de consolations, que j'ai de la peine à les contenir.» Alors il saisit le crucifix qu'on lui présente, il le baise avec transport, et répète plusieurs fois : « Mon amour est crucifié, et moi je vis encore !.... » La confiance que cette croix lui inspirait n'était pas moins forte que son amour était tendre; il la pressait sur son cœur, il la collait sur ses lè-

vres, et il s'écriait : « Qui osera m'atta-
quer avec cette défense? C'est mon épée,
c'est mon escorte et ma sauvegarde; voilà
ma cuirasse et mon bouclier. » Les ap-
proches de la mort n'eurent rien d'effrayant
pour le disciple de Jésus crucifié; il se
réjouissait dans la pensée du ciel, et ce fut
en tenant la croix entre ses mains, et pro-
nonçant ces paroles : « Mon père, je remets mon âme entre vos mains, » qu'il
cessa de vivre sur la terre.

XII.

Sainte Hélène fit bâtir une magnifique
église, avec un monastère, sur le lieu
même où s'était opéré le mystère de l'Ascension. Le dôme, de figure octogone (huit
angles et huit côtés). avait cent pas de dia-

mètre. Malgré tous les efforts des architec-
tes, ils ne purent jamais fermer la voûte à
l'endroit où Jésus avait dû passer en allant
au ciel, et furent contraints de le laisser à
découvert, de même qu'ils ne purent ajus-
ter des mosaïques sur la roche où étaient
empreints les sacrés vestiges du Sauveur.
Ce fait merveilleux est attesté par saint Pau-
lin, par le vénérable Bède, et par plusieurs autres auteurs dignes de foi.

XIII.

Saint Paul, l'Apôtre des Gentils, naquit
à Tharse, en Cilicie, environ deux ans
avant Jésus-Christ. Il s'appela d'abord Saul.
Elevé dans la secte des Pharisiens, il se
montra un des plus ardents persécuteurs du
christianisme. Ayant obtenu du grand-prê-

tre des lettres portant plein pouvoir de se saisir des chrétiens qu'il trouverait à Damas, et de les amener dans les prisons de Jérusalem, il partit pour exécuter son dessein. Comme il approchait du terme de son voyage, il fut frappé d'une lumière qui le renversa de cheval. En même temps, il entendit une voix qui lui criait : « Saul, Saul, pourquoi me persécutez-vous ? » Cette voix était celle de Jésus-Christ. Saul se releva ; et, comme il ne voyait plus, ceux qui l'accompagnaient le conduisirent jusqu'à Damas, où le disciple Ananie le visita, le baptisa et le guérit. Alors il tomba de ses yeux comme des espèces d'écailles, et il recouvra la vue. Saul converti se mit à prêcher, dans la synagogue même de Damas, que Jésus était le Messie. Il prêcha ensuite successivement à Corinthe, dans l'île de Chypre, à Thessalonique, à Athènes, et dans beaucoup d'autres villes ; et partout, à sa voix, un grand nombre de Gentils embrassèrent la foi de Jésus-Christ.

XIV.

L'empereur Néron avait excité contre l'Eglise une persécution violente. Les principaux objets de sa haine étaient saint Pierre et saint Paul. Les fidèles, alarmés du péril que courait le chef des Apôtres, le conjurèrent de prendre la fuite. Il s'y refusa d'abord ; mais cédant enfin à leurs instances, il sortit de la ville pendant la nuit. Il était déjà à une des portes de Rome, lorsqu'il vit Jésus-Christ qui entrait par la même porte. « Où allez-vous, mon Maître ? » lui demanda l'Apôtre. « Je vais à Rome, répondit le Sauveur, pour y être crucifié de nouveau. » Pierre comprit aussitôt le sens de ces paroles. Il les regarda comme un reproche de sa lâcheté, et comme une preuve que Dieu voulait l'appeler à lui par la voie du martyre. Il retourna donc dans la ville où il fut bientôt arrêté et condamné au supplice de la croix. Il demanda à être crucifié la tête en bas, se jugeant indigne de mourir de la même manière que son divin Maître ; ce que les bourreaux lui accordèrent.

XV.

Il y avait dans la ville d'Ourmi, en Chaldée, une famille catholique qu'on pouvait appeler le soutien et l'exemple des fidèles de tout le canton. Le chef de la maison,

Polonais anciennement émigré, après avoir
épousé Rachel, fille chaldéenne, entra au
service du roi de Perse, parvint au grade
de major, et mourut bravement au champ
de bataille. Il laissait trois garçons, dont
les deux aînés remplacèrent honorablement
leur père. L'un d'eux, nommé Sukan, fit
à dix-sept ans une noble réponse au roi,
qui le pressait de se faire musulman en lui
promettant toutes ses faveurs. « Prince, lui
dit-il avec une assurance digne des pre-
miers martyrs chrétiens, mon père est mort
pour vous : moi, je suis prêt au même sa-
crifice ; mais si vous me parlez de quitter
ma religion, reprenez cette épée et tournez-
la contre votre serviteur ; » et il portait sa
main à son ceinturon pour la détacher. Le
Roi émerveillé de tant de magnanimité, le

récompensa, en l'élevant à un plus haut grade.

XVI.

Sainte Monique, sur le point de rendre le dernier soupir, dit à Augustin, son fils : « N'ayez pas d'inquiétude par rapport à » mon corps; la seule chose que je vous » demande est que vous vous souveniez de » moi à l'autel du Seigneur, partout où » vous serez. » Saint Augustin n'oublia pas la recommandation de sa mère. Il prie Dieu pour elle dans ses confessions, et conjure tous ceux qui liront son ouvrage, de se souvenir d'elle à l'autel. « Je vous » prie pour les péchés de ma mère, » dit-il en s'adressant à Dieu. « Exaucez-moi, » Seigneur, par celui qui a bien voulu » être attaché à la croix pour nous. Je sais

» qu'elle a pratiqué les œuvres de miséri-
» corde, et qu'elle a pardonné de tout son
» cœur à ceux qui l'avaient offensée : par-
» donnez-lui donc, Seigneur, les fautes
» qu'elle a pu commettre contre vous,
» n'entrez point en jugement avec elle.
» Elle nous a recommandé, en mourant,
» de nous souvenir d'elle à votre autel, au
» mystère duquel elle a assisté tous les
» jours de sa vie, et d'où elle savait que
» l'on dispense la victime sainte dont le
» sang a effacé l'arrêt de mort porté con-
» tre nous. » Sainte Monique et saint
Augustin étaient donc persuadés que les
âmes du purgatoire peuvent être soulagées
par les prières des fidèles qui combattent
sur la terre, et surtout par le saint sacri-
fice de la messe.

XVII.

Les disciples de saint Martin le pressaient, un peu avant sa mort, de se mettre dans une posture plus commode : « Laissez-moi regarder le ciel plutôt que la terre, leur répondit-il, afin que je voie la route que mon âme doit suivre en sortant de mon corps. »

XVIII

Un solitaire qui avait eu le malheur de vivre assez longtemps dans une grande négligence de son salut et de sa perfection, tomba dangereusement malade ; alors il fu ravi en esprit, et, pendant une heure entière, il parut hors de lui-même. Dans ce ravissement, il vit la rigueur et la juste sévérité des jugements de Dieu. Etant revenu à lui, il fut tellement frappé de ce qu'il avait vu, qu'il se condamna à la pénitence la plus rigoureuse. Il fit murer la porte de sa cellule, et y demeura enfermé pendant douze ans, sans parler à personne et ne vivant que de pain et d'eau qu'on lui apportait. Lorsqu'il fut près de mourir, les solitaires, qui étaient dans le monastère, enfoncèrent le mur qui fermait sa cellule, et s'approchèrent de lui. Tous alors le prièrent avec instance de leur adresser quelques paroles d'édification. Il s'en excusa long-temps ; enfin il leur dit : « Pardonnez-moi, mes frères, si je ne vous dis qu'une seule chose. En vérité, en vérité, si les hommes savaient combien le jugement de Dieu est redoutable, ils ne pourraient jamais se résoudre à l'offenser. » Après avoir prononcé ces mots, il expira, laissant tous les solitaires pénétrés d'une sainte frayeur.

XIX.

Après que Tobie fut devenu aveugle, il se trouva réduit à l'état de pauvreté ; et sa femme, nommée Anne, était obligée d'aller tous les jours faire de la toile pour gagner sa vie. Or, il arriva qu'ayant reçu un jour un chevreau, elle l'apporta à la maison. Et comme Tobie savait bien qu'elle ne pouvait avoir gagné ce chevreau, il conçut quelque inquiétude. L'ayant donc entendu crier, il dit à sa femme : « Prenez garde que ce chevreau n'ait été dérobé ; rendez-le à ceux à qui il est, parce qu'il ne nous est pas permis d'avoir ni de manger quoi que ce soit qui serait le fruit d'un larcin. »

Tant était grand son amour pour la justice !
Tant il craignait de faire au prochain le
moindre tort !

XX.

Un jeune chrétien très-pieux était voi-
sin d'un idolâtre à qui il répétait chaque
jour : « Il n'y a qu'un seul Dieu vivant,
créateur du ciel et de la terre ; c'est sa puissance qui fait jaillir des flots de lumières,
et qui répand la rosée bienfaisante. Il con-
naît toutes nos actions, et nos prières n'ont
d'efficacité qu'autant qu'elles s'élèvent vers
lui. Seul, il peut châtier les hommes ou les
récompenser, leur ouvrir les portes célestes ou les précipiter dans les enfers. Ces
idoles devant lesquelles vous vous proster-
nez, n'ont point la faculté de voir et d'en-

tendre. C'est donc une erreur que de les craindre ou de les invoquer. » — Malgré ces paroles sensées, le païen persista dans son aveuglement.—Un jour , ce dernier se rendit à la campagne d'un de ses amis. Pendant son absence, le jeune homme, cédant à une sorte d'inspiration divine, brisa toutes ses idoles , à l'exception de la plus grande, dans la main de laquelle il mit un gros bâton avant de se retirer. Le païen étant de retour, entre en fureur et s'écrie : « Quel est l'auteur d'un tel forfait ? — Comment ! lui répond le jeune chrétien , ne devinez-vous pas que votre grande idole, beaucoup plus puissante que les autres , les a facilement mises en pièces ? — Non, reprit l'idolâtre ; tu m'en imposes ; depuis tant d'années qu'elle est dans ma maison, elle n'a jamais fait un seul mouvement. C'est toi-même qui par méchanceté as brisé mes autres Dieux ; le bâton va me venger de ton audace. Pourquoi cette colère, poursuit le jeune chrétien sans s'émouvoir ? Si vous reconnaissez à votre idole, fabriquée avec de l'argile, moins de puissance qu'à moi, comment serait-elle l'Être suprême ? » — Le païen, frappé d'étonnement, garde le silence. Après un moment de réflexion, renversant lui-même l'idole qui était encore debout, il se prosterna et adora pour la première fois le Dieu des chrétiens.

XXI.

Claude Bernard, dit le pauvre prêtre, frémissait d'horreur quand il entendait proférer quelque blasphème. Un charretier le trouvant un jour sur son passage, lui donna un grand soufflet, en jurant le nom de Dieu. « Mon ami, lui dit le saint prêtre, donne-m'en un second et ne jure plus. »

XXII.

Un pieux missionnaire passant par un village, entendit les enfants blasphémer le saint nom de Dieu ; voulant leur faire comprendre combien était terrible le châtiment qui les attendait, il leur parla en ces termes : « Dans cette paroisse, mes enfants, on parle français, et si vous y rencontriez par hasard un homme qui parlât allemand, vous diriez que l'Allemagne est sa patrie ; s'il parlait espagnol, vous diriez qu'il vient d'Espagne ; s'il parlait anglais, vous diriez qu'il vient d'Angleterre, et vous le regarderiez comme un étranger qui tôt ou tard doit retourner dans sa patrie. Eh bien, enfants blasphémateurs, me comprenez-vous ? Vous êtes dans un pays chrétien et catholique, et vous n'en parlez pas la langue ; je comprends, au contraire, par vos blasphèmes, que vous parlez celle de l'enfer. Je dirai donc aussi que vous êtes des étrangers, que l'enfer est votre patrie, et qu'un jour vous irez rejoindre ceux qui parlent comme vous. »

XXIII.

Marie a été exempte du péché originel dès le premier instant de son existence ; c'est-à-dire qu'elle a été conçue dans la grâce et l'amitié de Dieu. Nous sommes

tous en entrant dans le monde des enfants
de colère, souillés par le péché. Marie
seule, prévenue de l'amour de Dieu, y est
entrée comme le chef-d'œuvre de la grâce.
Dieu ne voulut pas que le temple où il de-
vait habiter eût aucune souillure. L'honneur du Fils demandait que la mère ne fût
pas, même pour un moment, l'esclave du
démon.

XXIV.

La très-sainte Vierge avait reçu dans sa
conception la plénitude de la grâce, mais
elle ne se contenta pas de jouir en paix d'un
si grand bien ; toute sa vie elle mit ses soins
à le faire profiter par sa correspondance aux
inspirations de l'Esprit-Saint. Et la grâce
qui fait des progrès là où elle trouve des

efforts, enrichissait tous les jours cette Vierge fidèle.

XXV.

De bonne heure, Marie écouta la voix divine qui l'appelait à la retraite. N'ayant encore que trois ans, elle quitta la maison paternelle pour se consacrer à Dieu dans son temple. Ni la tendresse de l'âge, ni la faiblesse du corps, ni l'affection des parents, ne purent l'arrêter. Cachée dans le temple pendant sa jeunesse, elle s'y appliqua à remplir, le plus parfaitement qu'il lui était possible, les fonctions dont elle était chargée suivant son âge et ses forces. Le temps qu'elle ne leur donnait pas, elle l'employait à méditer et à prier. C'est par là qu'elle se disposa à tant de grâces spéciales que Dieu avait dessein de lui faire.

XXVI.

Le cardinal Pierre Damien attribue à la sainte Vierge la conversion du bon larron. D'où vient, dit-il, qu'il ne s'est pas converti quand il accompagnait Jésus-Christ en portant sa croix après lui ? Pourquoi attendre qu'il fut attaché sur son bois de malédiction ? Sinon parce que la sainte Vierge se trouva heureusement pour lui au pied de la Croix du Sauveur, du côté de celle de ce malheureux ? Les regards de Jésus vers lui, et de lui vers Jésus, passaient par la mère de miséricorde : elle intercédait pour lui ; et lorsqu'il était près de tomber de son supplice temporel dans les supplices éternels, il obtint la grâce de mourir en confessant son Sauveur avec le mérite d'un martyr et l'assurance du paradis.

HYMNE AU SAINT-ESPRIT.

Venez, Esprit créateur, visitez les âmes de vos fidèles, remplissez de la grâce céleste les cœurs que vous avez créés.

Vous êtes notre consolateur, le don du Dieu Très-Haut, la source d'eau vive, le feu sacré, la charité, l'onction spirituelle des âmes.

Vous vous communiquez par les sept dons de votre grâce, vous êtes le doigt de la droite de Dieu et l'objet de la promesse du Père, vous donnez à nos lèvres les grâces de votre divine parole.

Eclairez nos âmes de votre lumière, versez votre amour dans nos cœurs, fortifiez notre chair fragile par l'assistance continuelle de votre grâce.

Repoussez loin de nous l'ennemi, et donnez-nous la paix ; précédez-nous, guidez-nous, afin que nous évitions tout ce qui peut nous nuire.

Faites que nous connaissions par vous le Père, que nous connaissions aussi le Fils, et que nous ne cessions jamais de croire er vous qui êtes l'esprit de l'un et de l'autre.

Gloire au Père, souverain Seigneur, gloire au Fils, qui est ressuscité d'entre les morts, gloire à l'Esprit consolateur, dans les siècles des siècles. Ainsi soit-il.

HYMNE AU TRÈS-SAINT SACREMENT.

Chante, ma langue, le mystère du glorieux corps et du précieux sang, que le roi des nations, fruit d'une vierge de race royale, a répandu pour la rédemption du monde.

Enfant donné au genre humain, né pour nous d'une Vierge très-pure, il a conversé parmi les hommes, et après avoir répandu la divine semence de sa parole, il a terminé avec un ordre admirable la course de sa vie.

Assis à table avec ses Apôtres, dans le dernier souper qu'il fit avec eux, après qu'il eût pleinement observé tout ce qui était prescrit par la loi de la Pâque, il se donna de ses propres mains à ses douze disciples pour être leur nourriture

Le verbe fait chair change par sa parole le pain véritable en cette chair qu'il a prise ; le vin devient le sang de Jésus-Christ : et si le sens humain ne comprend rien dans ce mystère, la foi suffit pour affermir un cœur docile.

Adorons prosternés un sacrement si digne de nos hommages ; que toutes les ombres de la loi ancienne cèdent à ce mystère de la loi nouvelle, et qu'une foi vive supplée à la faiblesse de nos sens.

Gloire, louange, salut et honneur, force et bénédiction au Père, au Fils, et à l'Esprit qui procède de l'un et de l'autre.

Ainsi soit-il.

CANTIQUE D'ACTIONS DE GRACE.

O Dieu ! nous vous louons, nous confessons que vous êtes le souverain Seigneur.

Père éternel, toute la terre vous adore ; tous les anges, les cieux et toutes les puissances,

Les chérubins et les séraphins chantent sans cesse à votre louange : Saint, saint,

saint, est le Seigneur, le Dieu des armées.

Les cieux et la terre sont pleins de la magnificence de votre gloire.

Le chœur glorieux des Apôtres ;

La vénérable multitude des prophètes ;

L'armée des martyrs toute brillante de l'éclat de leurs robes blanches, s'unissent pour vous louer.

Par toute la terre, la sainte Eglise vous confesse,

Vous, ô Père, dont la majesté est infinie,

Et votre vrai et unique Fils, digne de toute adoration,

Et votre Esprit-Saint consolateur.

Vous êtes le roi de gloire, ô Jésus !

Vous êtes le Fils éternel du Père.

Lorsque vous avez pris la chair de l'homme pour le racheter, vous n'avez pas eu horreur de descendre dans le sein d'une Vierge.

En brisant l'aiguillon de la mort, vous avez ouvert aux fidèles le royaume des cieux.

Vous êtes assis à la droite de Dieu dans la gloire du Père.

Nous croyons que vous viendrez pour juger le monde.

Nous vous prions donc de secourir vos serviteurs que vous avez rachetés par votre précieux sang.

Associez-nous à vos saints dans la gloire éternelle.

Seigneur, sauvez votre peuple et bénissez votre héritage.

Conduisez-les, et les élevez jusque dans l'éternité.

Nous vous bénissons tous les jours,

Et nous louons votre nom aujourd'hui et à jamais.

Daignez, Seigneur, nous préserver de tout péché en ce jour.

Ayez pitié de nous, Seigneur, ayez pitié de nous.

Que votre miséricorde s'étende sur nous, Seigneur, comme nous avons espéré en vous.

Seigneur, j'ai mis en vous mon espérance, je ne serai pas éternellement confondu.

COMPLAINTE A LA SAINTE VIERGE.

Debout auprès de la Croix, la Mère de douleurs fondait en larmes, tandis que son fils y était attaché.

Ce fut alors que son âme gémissante, accablée de tristesse et de désolation, fut percée d'un glaive de douleur.

O qu'elle était triste ! qu'elle était affligée ! cette Mère bénie du Fils unique de

Dieu. Elle était consternée, tremblante d'effroi, en voyant les peines de son incomparable Fils.

Quel est l'homme qui pourrait retenir ses larmes en voyant la mère de Jésus-Christ dans un pareil supplice?

Qui pourrait, sans être ému de compassion, contempler cette tendre mère, partageant les souffrances de son fils.

Elle voit Jésus dans les tourments et déchiré sous les fouets pour les péchés de sa nation.

Elle voit son aimable Fils mourant, désolé, exhalant son dernier soupir.

Ah! tendre mère, source d'amour, faites-moi sentir la violence de votre douleur : faites que mes sanglots s'unissent à vos sanglots.

Faites que mon cœur s'embrase dans

l'amour de Jésus-Christ mon Dieu, que je n'aspire qu'à lui plaire.

Sainte mère ! accordez-moi ce que je vous demande : imprimez fortement dans mon cœur les plaies de Jésus crucifié.

Faites-moi partager avec vous les peines de votre Fils, couvert des blessures qu'il a daigné souffrir pour mon amour.

Accordez-moi de pleurer toute ma vie avec vous et de prendre une part sincère aux souffrances de mon Dieu attaché sur la Croix.

Me tenir avec vous auprès de cette Croix ; me plaire à vous y accompagner pour gémir avec vous, voilà mon désir.

Vierge, la gloire des vierges, ne me rebutez point désormais : daignez m'associer à votre désolation.

Faites que j'aie toujours présente la mort de Jésus-Christ, que je repasse sans cesse dans ma mémoire ses plaies cruelles et toute la douloureuse scène de sa passion.

Faites que je sois blessé de ces mêmes plaies, que je m'enivre du souvenir de la Croix, par amour pour votre Fils.

Qu'ainsi enflammé, embrasé, je vous trouve pour me défendre, ô Vierge puissante! au jour du jugement.

Accordez-moi d'avoir la croix pour gardienne, la mort de Jésus-Christ pour rempart, la grâce pour me ranimer.

Et quand mon corps mourra, faites que mon âme reçoive la gloire du Paradis.

Ainsi soit-il.

DIVISION DU TEMPS.

Année. La terre, qui paraît immobile, roule comme une boule autour du soleil. Elle emploie trois cent soixante-cinq jours et six heures à faire ce voyage qu'elle recommence sans cesse; et c'est cet espace de temps que l'on nomme année.

On ne compte cependant, pour les années ordinaires, que trois cent soixante-cinq jours, en négligeant les six heures dont il vient d'être question. Tous les quatre ans, on reprend ces six heures : elles forment un jour entier, que l'on ajoute au mois de février, et cette quatrième année a trois cent soixante-six jours. On l'appelle année *bissextile*. La dernière année bissextile a été mil huit cent cinquante-deux. Nous commençons à compter les années à partir de la naissance de Notre-Seigneur.

Jour. Chaque tour que la terre fait en roulant sur elle-même comme une boule, dure vingt-quatre heures; c'est ce que nous appelons *jour*. On compte ces vingt-quatre heures en deux parts de douze heures chacune, dont la première commence à minuit et la dernière finit au minuit suivant.

Heure. Les heures se partagent en quarts et en demi-heures. On les divise encore en minutes et les minutes en secondes. Une heure dure soixante minutes, et une minute soixante secondes. Notre pouls est comme une espèce de montre ou d'horloge; s'il est bien régulier, il marque à peu près une seconde par chaque battement, et il donne environ soixante battements dans une minute.

Semaine. La semaine est une division de temps qui se compte par sept jours que l'on nomme : dimanche, lundi, mardi, mercredi, jeudi, vendredi, samedi. Cette division répond à l'un des commandements de Dieu, par lequel il nous est prescrit, après avoir travaillé six jours, de nous reposer le septième, et de le sanctifier. Ce jour de repos et de sanctification, c'est le dimanche, qui est aussi le premier jour de la semaine.

Mois. Les douze mois de l'année sont : janvier, février, mars, avril, mai, juin, juillet, août, septembre, octobre, novembre et décembre. Sept de ces mois ont trente et un jours; ce sont, jusqu'à juillet, ceux qui se comptent par le nombre impair, c'est-à-dire, le premier, le troisième, le cinquième et le septième; et, depuis août jusqu'à décembre, ceux qui se comptent par le nombre pair, c'est-à-dire, le huitième, le dixième et le douzième. Les autres mois ont trente jours, excepté février, qui n'en a que vingt-huit dans les années ordinaires, et vingt-neuf dans les années bissextiles.

Saisons. Il y a quatre saisons dans l'année, le printemps, l'été, l'automne et l'hiver. Nos grandes fêtes qui répondent à ces quatre saisons sont : pour le printemps, Pâques, la plus solennelle de toutes; pour l'été, la Pentecôte et la Fête-Dieu au commencement, l'Assomption à la fin; pour l'automne, la Toussaint; pour l'hiver, la douce et aimable fête de Noël.

Siècle. Le siècle est un espace de temps composé de cent années. Nous vivons aujourd'hui dans le dix-neuvième siècle. Chaque quart de siècle, c'est-à-dire, tous les vingt-cinq ans, l'Église accorde aux fidèles une grande indulgence appelée le *Jubilé.*

Signes orthographiques.

Accent aigu ´, accent grave `

accent circonflexe ^, apostrophe ’,

cédille ç, tréma ¨, trait - d’union -,

parenthèse ( ), tiret —, guillemets « »

paragraphe §, astérisque *, crochets [ ].

Signes de ponctuation.

Virgule ,, point-virg. ;, deux-points :,

point ., point d’interrogation ?,

id. d’admiration !, id. de suspension ....

Chiffres arabes.

1 2 3 4 5 6 7 8 9 0.

Chiffres romains.

Chiffres	Valeurs	Chiffres	Valeurs	Chiffres	Valeurs
I	1	XI	11	C	100
II	2	XX	20	CC	200
III	3	XXX	30	CCC	300
IV	4	XL	40	CD	400
V	5	L	50	D	500
VI	6	LX	60	DC	600
VII	7	LXX	70	DCC	700
VIII	8	LXXX	80	DCCC	800
IX	9	XC	90	CM	900
X	10	XIC	99	M	1000